PENSÉES
du jour

AGENDA PERPÉTUEL

Données de catalogage avant publication (Canada)

Trudel, Jean-Pierre, 1945-

    Pensées du jour

    ISBN 2-7640-0146-0

    1. Formules autosuggestives - Miscellanées. 2. Éducation et discipline mentales - Miscellanées. 3. Méditations - Miscellanées. 4. Agendas. I. Titre.

BF632.T78 1997   158.1   C97-940615-3

LES ÉDITIONS QUEBECOR
7, chemin Bates
Bureau 100
Outremont (Québec)
H2V 1A6
Téléphone: (514) 270-1746

© 1997, Les Éditions Quebecor
Bibliothèque nationale du Québec
Bibliothèque nationale du Canada
ISBN 2-7640-0146-0

Éditeur: Jacques Simard
Coordonnatrice à la production: Dianne Rioux
Conception de la page couverture: Bernard Langlois
Photo de la page couverture: Bob Elsdale/The Image Bank
Infographie: Composition Monika, Québec
Impression: Imprimerie l'Éclaireur

PENSÉES
du jour

AGENDA PERPÉTUEL

JEAN-PIERRE TRUDEL

LES ÉDITIONS
Quebecor

LE CALENDRIER PERPÉTUEL

Le calendrier perpétuel peut vous apprendre à quel jour correspond n'importe quelle date, de l'an 1600 jusqu'en l'an 2099.

Vous n'avez qu'à consulter le tableau suivant. Il vous indique quel calendrier avait cours ou aura cours l'année qui vous intéresse. En tout, il n'y a que 14 calendriers possibles, que nous avons numérotés de 1 à 14.

1600

Année	N°	Année	N°	Année	N°	Année	N°	Année	N°
1600	14	1620	11	1640	8	1660	12	1680	9
1601	2	1621	6	1641	3	1661	7	1681	4
1602	3	1622	7	1642	4	1662	1	1682	5
1603	4	1623	1	1643	5	1663	2	1683	6
1604	12	1624	9	1644	13	1664	10	1684	14
1605	7	1625	4	1645	1	1665	5	1685	2
1606	1	1626	5	1646	2	1666	6	1686	3
1607	2	1627	6	1647	3	1667	7	1687	4
1608	10	1628	14	1648	11	1668	8	1688	12
1609	5	1629	2	1649	6	1669	3	1689	7
1610	6	1630	3	1650	7	1670	4	1690	1
1611	7	1631	4	1651	1	1671	5	1691	2
1612	8	1632	12	1652	9	1672	13	1692	10
1613	3	1633	7	1653	4	1673	1	1693	5
1614	4	1634	1	1654	5	1674	2	1694	6
1615	5	1635	2	1655	6	1675	3	1695	7
1616	13	1636	10	1656	14	1676	11	1696	8
1617	1	1637	5	1657	2	1677	6	1697	3
1618	2	1638	6	1658	3	1678	7	1698	4
1619	3	1639	7	1659	4	1679	1	1699	5

1700

Année	N°	Année	N°	Année	N°	Année	N°	Année	N°
1700	6	1720	9	1740	13	1760	10	1780	14
1701	7	1721	4	1741	1	1761	5	1781	2
1702	1	1722	5	1742	2	1762	6	1782	3
1703	2	1723	6	1743	3	1763	7	1783	4
1704	10	1724	14	1744	11	1764	8	1784	12
1705	5	1725	2	1745	6	1765	3	1785	7
1706	6	1726	3	1746	7	1766	4	1786	1
1707	7	1727	4	1747	1	1767	5	1787	2
1708	8	1728	12	1748	9	1768	13	1788	10
1709	3	1729	7	1749	4	1769	1	1789	5
1710	4	1730	1	1750	5	1770	2	1790	6
1711	5	1731	2	1751	6	1771	3	1791	7
1712	13	1732	10	1752	14	1772	11	1792	8
1713	1	1733	5	1753	2	1773	6	1793	3
1714	2	1734	6	1754	3	1774	7	1794	4
1715	3	1735	7	1755	4	1775	1	1795	5
1716	11	1736	8	1756	12	1776	9	1796	13
1717	6	1737	3	1757	7	1777	4	1797	1
1718	7	1738	4	1758	1	1778	5	1798	2
1719	1	1739	5	1759	2	1779	6	1799	3

1800

Year		Year		Year		Year		Year	
1800	4	1820	14	1840	11	1860	8	1880	12
1801	5	1821	2	1841	6	1861	3	1881	7
1802	6	1822	3	1842	7	1862	4	1882	1
1803	7	1823	4	1843	1	1863	5	1883	2
1804	8	1824	12	1844	9	1864	13	1884	10
1805	3	1825	7	1845	4	1865	1	1885	5
1806	4	1826	1	1846	5	1866	2	1886	6
1807	5	1827	2	1847	6	1867	3	1887	7
1808	13	1828	10	1848	14	1868	11	1888	8
1809	1	1829	5	1849	2	1869	6	1889	3
0810	2	1830	6	1850	3	1870	7	1890	4
1811	3	1831	7	1851	4	1871	1	1891	5
1812	11	1832	8	1852	12	1872	9	1892	13
1813	6	1833	3	1853	7	1873	4	1893	1
1814	7	1834	4	1854	1	1874	5	1894	2
1815	1	1835	5	1855	2	1875	6	1895	3
1816	9	1836	13	1856	10	1876	14	1896	11
1817	4	1837	1	1857	5	1877	2	1897	6
1818	5	1838	2	1858	6	1878	3	1898	7
1819	6	1839	3	1859	7	1879	4	1899	1

1900

Year		Year		Year		Year		Year	
1900	2	1920	12	1940	9	1960	13	1980	10
1901	3	1921	7	1941	4	1961	1	1981	5
1902	4	1922	1	1942	5	1962	2	1982	6
1903	5	1923	2	1943	6	1963	3	1983	7
1904	13	1924	10	1944	14	1964	11	1984	8
1905	1	1925	5	1945	2	1965	6	1985	3
1906	2	1926	6	1946	3	1966	7	1986	4
1907	3	1927	7	1947	4	1967	1	1987	5
1908	11	1928	8	1948	12	1968	9	1988	13
1909	6	1929	3	1949	7	1969	4	1989	1
1910	7	1930	4	1950	1	1970	5	1990	2
1911	1	1931	5	1951	2	1971	6	1991	3
1912	9	1932	13	1952	10	1972	14	1992	11
1913	4	1933	1	1953	5	1973	2	1993	6
1914	5	1934	2	1954	6	1974	3	1994	7
1915	6	1935	3	1955	7	1975	4	1995	1
1916	14	1936	11	1956	8	1976	12	1996	9
1917	2	1937	6	1957	3	1977	7	1997	4
1918	3	1938	7	1958	4	1978	1	1998	5
1919	4	1939	1	1959	5	1979	2	1999	6

2000

Year		Year		Year		Year		Year	
2000	14	2020	11	2040	8	2060	12	2080	9
2001	2	2021	6	2041	3	2061	7	2081	4
2002	3	2022	7	2042	4	2062	1	2082	5
2003	4	2023	1	2043	5	2063	2	2083	6
2004	12	2024	9	2044	13	2064	10	2084	14
2005	7	2025	4	2045	1	2065	5	2085	2
2006	1	2026	5	2046	2	2066	6	2086	3
2007	2	2027	6	2047	3	2067	7	2087	4
2008	10	2028	14	2048	11	2068	8	2088	12
2009	5	2029	2	2049	6	2069	3	2089	7
2010	6	2030	3	2050	7	2070	4	2090	1
2011	7	2031	4	2051	1	2071	5	2091	2
2012	8	2032	12	2052	9	2072	13	2092	10
2013	3	2033	7	2053	4	2073	1	2093	5
2014	4	2034	1	2054	5	2074	2	2094	6
2015	5	2035	2	2055	6	2075	3	2095	7
2016	13	2036	10	2056	14	2076	11	2096	8
2017	1	2037	5	2057	2	2077	6	2097	3
2018	2	2038	6	2058	3	2078	7	2098	4
2019	3	2039	7	2059	4	2079	1	2099	5

1

JANVIER
D	L	M	M	J	V	S
1	2	3	4	5	6	7
8	9	10	11	12	13	14
15	16	17	18	19	20	21
22	23	24	25	26	27	28
29	30	31				

FÉVRIER
D	L	M	M	J	V	S
			1	2	3	4
5	6	7	8	9	10	11
12	13	14	15	16	17	18
19	20	21	22	23	24	25
26	27	28				

MARS
D	L	M	M	J	V	S
			1	2	3	4
5	6	7	8	9	10	11
12	13	14	15	16	17	18
19	20	21	22	23	24	25
26	27	28	29	30	31	

AVRIL
D	L	M	M	J	V	S
						1
2	3	4	5	6	7	8
9	10	11	12	13	14	15
16	17	18	19	20	21	22
23	24	25	26	27	28	29
30						

MAI
D	L	M	M	J	V	S
	1	2	3	4	5	6
7	8	9	10	11	12	13
14	15	16	17	18	19	20
21	22	23	24	25	26	27
28	29	30	31			

JUIN
D	L	M	M	J	V	S
				1	2	3
4	5	6	7	8	9	10
11	12	13	14	15	16	17
18	19	20	21	22	23	24
25	26	27	28	29	30	

JUILLET
D	L	M	M	J	V	S
						1
2	3	4	5	6	7	8
9	10	11	12	13	14	15
16	17	18	19	20	21	22
23	24	25	26	27	28	29
30	31					

AOÛT
D	L	M	M	J	V	S
		1	2	3	4	5
6	7	8	9	10	11	12
13	14	15	16	17	18	19
20	21	22	23	24	25	26
27	28	29	30	31		

SEPTEMBRE
D	L	M	M	J	V	S
					1	2
3	4	5	6	7	8	9
10	11	12	13	14	15	16
17	18	19	20	21	22	23
24	25	26	27	28	29	30

OCTOBRE
D	L	M	M	J	V	S
1	2	3	4	5	6	7
8	9	10	11	12	13	14
15	16	17	18	19	20	21
22	23	24	25	26	27	28
29	30	31				

NOVEMBRE
D	L	M	M	J	V	S
			1	2	3	4
5	6	7	8	9	10	11
12	13	14	15	16	17	18
19	20	21	22	23	24	25
26	27	28	29	30		

DÉCEMBRE
D	L	M	M	J	V	S
					1	2
3	4	5	6	7	8	9
10	11	12	13	14	15	16
17	18	19	20	21	22	23
24	25	26	27	28	29	30
31						

2

JANVIER
D	L	M	M	J	V	S
	1	2	3	4	5	6
7	8	9	10	11	12	13
14	15	16	17	18	19	20
21	22	23	24	25	26	27
28	29	30	31			

FÉVRIER
D	L	M	M	J	V	S
				1	2	3
4	5	6	7	8	9	10
11	12	13	14	15	16	17
18	19	20	21	22	23	24
25	26	27	28			

MARS
D	L	M	M	J	V	S
				1	2	3
4	5	6	7	8	9	10
11	12	13	14	15	16	17
18	19	20	21	22	23	24
25	26	27	28	29	30	31

AVRIL
D	L	M	M	J	V	S
1	2	3	4	5	6	7
8	9	10	11	12	13	14
15	16	17	18	19	20	21
22	23	24	25	26	27	28
29	30					

MAI
D	L	M	M	J	V	S
		1	2	3	4	5
6	7	8	9	10	11	12
13	14	15	16	17	18	19
20	21	22	23	24	25	26
27	28	29	30	31		

JUIN
D	L	M	M	J	V	S
					1	2
3	4	5	6	7	8	9
10	11	12	13	14	15	16
17	18	19	20	21	22	23
24	25	26	27	28	29	30

JUILLET
D	L	M	M	J	V	S
1	2	3	4	5	6	7
8	9	10	11	12	13	14
15	16	17	18	19	20	21
22	23	24	25	26	27	28
29	30	31				

AOÛT
D	L	M	M	J	V	S
			1	2	3	4
5	6	7	8	9	10	11
12	13	14	15	16	17	18
19	20	21	22	23	24	25
26	27	28	29	30	31	

SEPTEMBRE
D	L	M	M	J	V	S
						1
2	3	4	5	6	7	8
9	10	11	12	13	14	15
16	17	18	19	20	21	22
23	24	25	26	27	28	29
30						

OCTOBRE
D	L	M	M	J	V	S
	1	2	3	4	5	6
7	8	9	10	11	12	13
14	15	16	17	18	19	20
21	22	23	24	25	26	27
28	29	30	31			

NOVEMBRE
D	L	M	M	J	V	S
				1	2	3
4	5	6	7	8	9	10
11	12	13	14	15	16	17
18	19	20	21	22	23	24
25	26	27	28	29	30	

DÉCEMBRE
D	L	M	M	J	V	S
						1
2	3	4	5	6	7	8
9	10	11	12	13	14	15
16	17	18	19	20	21	22
23	24	25	26	27	28	29
30	31					

3

JANVIER
D	L	M	M	J	V	S
		1	2	3	4	5
6	7	8	9	10	11	12
13	14	15	16	17	18	19
20	21	22	23	24	25	26
27	28	29	30	31		

FÉVRIER
D	L	M	M	J	V	S
					1	2
3	4	5	6	7	8	9
10	11	12	13	14	15	16
17	18	19	20	21	22	23
24	25	26	27	28		

MARS
D	L	M	M	J	V	S
					1	2
3	4	5	6	7	8	9
10	11	12	13	14	15	16
17	18	19	20	21	22	23
24	25	26	27	28	29	30
31						

AVRIL
D	L	M	M	J	V	S
	1	2	3	4	5	6
7	8	9	10	11	12	13
14	15	16	17	18	19	20
21	22	23	24	25	26	27
28	29	30				

MAI
D	L	M	M	J	V	S
			1	2	3	4
5	6	7	8	9	10	11
12	13	14	15	16	17	18
19	20	21	22	23	24	25
26	27	28	29	30	31	

JUIN
D	L	M	M	J	V	S
						1
2	3	4	5	6	7	8
9	10	11	12	13	14	15
16	17	18	19	20	21	22
23	24	25	26	27	28	29
30						

JUILLET
D	L	M	M	J	V	S
	1	2	3	4	5	6
7	8	9	10	11	12	13
14	15	16	17	18	19	20
21	22	23	24	25	26	27
28	29	30	31			

AOÛT
D	L	M	M	J	V	S
				1	2	3
4	5	6	7	8	9	10
11	12	13	14	15	16	17
18	19	20	21	22	23	24
25	26	27	28	29	30	31

SEPTEMBRE
D	L	M	M	J	V	S
1	2	3	4	5	6	7
8	9	10	11	12	13	14
15	16	17	18	19	20	21
22	23	24	25	26	27	28
29	30					

OCTOBRE
D	L	M	M	J	V	S
		1	2	3	4	5
6	7	8	9	10	11	12
13	14	15	16	17	18	19
20	21	22	23	24	25	26
27	28	29	30	31		

NOVEMBRE
D	L	M	M	J	V	S
					1	2
3	4	5	6	7	8	9
10	11	12	13	14	15	16
17	18	19	20	21	22	23
24	25	26	27	28	29	30

DÉCEMBRE
D	L	M	M	J	V	S
1	2	3	4	5	6	7
8	9	10	11	12	13	14
15	16	17	18	19	20	21
22	23	24	25	26	27	28
29	30	31				

4

JANVIER
D	L	M	M	J	V	S
			1	2	3	4
5	6	7	8	9	10	11
12	13	14	15	16	17	18
19	20	21	22	23	24	25
26	27	28	29	30	31	

FÉVRIER
D	L	M	M	J	V	S
						1
2	3	4	5	6	7	8
9	10	11	12	13	14	15
16	17	18	19	20	21	22
23	24	25	26	27	28	

MARS
D	L	M	M	J	V	S
						1
2	3	4	5	6	7	8
9	10	11	12	13	14	15
16	17	18	19	20	21	22
23	24	25	26	27	28	29
30	31					

AVRIL
D	L	M	M	J	V	S
		1	2	3	4	5
6	7	8	9	10	11	12
13	14	15	16	17	18	19
20	21	22	23	24	25	26
27	28	29	30			

MAI
D	L	M	M	J	V	S
				1	2	3
4	5	6	7	8	9	10
11	12	13	14	15	16	17
18	19	20	21	22	23	24
25	26	27	28	29	30	31

JUIN
D	L	M	M	J	V	S
1	2	3	4	5	6	7
8	9	10	11	12	13	14
15	16	17	18	19	20	21
22	23	24	25	26	27	28
29	30					

JUILLET
D	L	M	M	J	V	S
		1	2	3	4	5
6	7	8	9	10	11	12
13	14	15	16	17	18	19
20	21	22	23	24	25	26
27	28	29	30	31		

AOÛT
D	L	M	M	J	V	S
					1	2
3	4	5	6	7	8	9
10	11	12	13	14	15	16
17	18	19	20	21	22	23
24	25	26	27	28	29	30
31						

SEPTEMBRE
D	L	M	M	J	V	S
	1	2	3	4	5	6
7	8	9	10	11	12	13
14	15	16	17	18	19	20
21	22	23	24	25	26	27
28	29	30				

OCTOBRE
D	L	M	M	J	V	S
			1	2	3	4
5	6	7	8	9	10	11
12	13	14	15	16	17	18
19	20	21	22	23	24	25
26	27	28	29	30	31	

NOVEMBRE
D	L	M	M	J	V	S
						1
2	3	4	5	6	7	8
9	10	11	12	13	14	15
16	17	18	19	20	21	22
23	24	25	26	27	28	29
30						

DÉCEMBRE
D	L	M	M	J	V	S
	1	2	3	4	5	6
7	8	9	10	11	12	13
14	15	16	17	18	19	20
21	22	23	24	25	26	27
28	29	30	31			

5

JANVIER
D	L	M	M	J	V	S
				1	2	3
4	5	6	7	8	9	10
11	12	13	14	15	16	17
18	19	20	21	22	23	24
25	26	27	28	29	30	31

FÉVRIER
D	L	M	M	J	V	S
1	2	3	4	5	6	7
8	9	10	11	12	13	14
15	16	17	18	19	20	21
22	23	24	25	26	27	28

MARS
D	L	M	M	J	V	S
1	2	3	4	5	6	7
8	9	10	11	12	13	14
15	16	17	18	19	20	21
22	23	24	25	26	27	28
29	30	31				

AVRIL
D	L	M	M	J	V	S
			1	2	3	4
5	6	7	8	9	10	11
12	13	14	15	16	17	18
19	20	21	22	23	24	25
26	27	28	29	30		

MAI
D	L	M	M	J	V	S
					1	2
3	4	5	6	7	8	9
10	11	12	13	14	15	16
17	18	19	20	21	22	23
24	25	26	27	28	29	30
31						

JUIN
D	L	M	M	J	V	S
	1	2	3	4	5	6
7	8	9	10	11	12	13
14	15	16	17	18	19	20
21	22	23	24	25	26	27
28	29	30				

JUILLET
D	L	M	M	J	V	S
			1	2	3	4
5	6	7	8	9	10	11
12	13	14	15	16	17	18
19	20	21	22	23	24	25
26	27	28	29	30	31	

AOÛT
D	L	M	M	J	V	S
						1
2	3	4	5	6	7	8
9	10	11	12	13	14	15
16	17	18	19	20	21	22
23	24	25	26	27	28	29
30	31					

SEPTEMBRE
D	L	M	M	J	V	S
		1	2	3	4	5
6	7	8	9	10	11	12
13	14	15	16	17	18	19
20	21	22	23	24	25	26
27	28	29	30			

OCTOBRE
D	L	M	M	J	V	S
				1	2	3
4	5	6	7	8	9	10
11	12	13	14	15	16	17
18	19	20	21	22	23	24
25	26	27	28	29	30	31

NOVEMBRE
D	L	M	M	J	V	S
1	2	3	4	5	6	7
8	9	10	11	12	13	14
15	16	17	18	19	20	21
22	23	24	25	26	27	28
29	30					

DÉCEMBRE
D	L	M	M	J	V	S
		1	2	3	4	5
6	7	8	9	10	11	12
13	14	15	16	17	18	19
20	21	22	23	24	25	26
27	28	29	30	31		

6

JANVIER
D	L	M	M	J	V	S
					1	2
3	4	5	6	7	8	9
10	11	12	13	14	15	16
17	18	19	20	21	22	23
24	25	26	27	28	29	30
31						

FÉVRIER
D	L	M	M	J	V	S
	1	2	3	4	5	6
7	8	9	10	11	12	13
14	15	16	17	18	19	20
21	22	23	24	25	26	27
28						

MARS
D	L	M	M	J	V	S
	1	2	3	4	5	6
7	8	9	10	11	12	13
14	15	16	17	18	19	20
21	22	23	24	25	26	27
28	29	30	31			

AVRIL
D	L	M	M	J	V	S
				1	2	3
4	5	6	7	8	9	10
11	12	13	14	15	16	17
18	19	20	21	22	23	24
25	26	27	28	29	30	

MAI
D	L	M	M	J	V	S
						1
2	3	4	5	6	7	8
9	10	11	12	13	14	15
16	17	18	19	20	21	22
23	24	25	26	27	28	29
30	31					

JUIN
D	L	M	M	J	V	S
		1	2	3	4	5
6	7	8	9	10	11	12
13	14	15	16	17	18	19
20	21	22	23	24	25	26
27	28	29	30			

JUILLET
D	L	M	M	J	V	S
				1	2	3
4	5	6	7	8	9	10
11	12	13	14	15	16	17
18	19	20	21	22	23	24
25	26	27	28	29	30	31

AOÛT
D	L	M	M	J	V	S
1	2	3	4	5	6	7
8	9	10	11	12	13	14
15	16	17	18	19	20	21
22	23	24	25	26	27	28
29	30	31				

SEPTEMBRE
D	L	M	M	J	V	S
			1	2	3	4
5	6	7	8	9	10	11
12	13	14	15	16	17	18
19	20	21	22	23	24	25
26	27	28	29	30		

OCTOBRE
D	L	M	M	J	V	S
					1	2
3	4	5	6	7	8	9
10	11	12	13	14	15	16
17	18	19	20	21	22	23
24	25	26	27	28	29	30
31						

NOVEMBRE
D	L	M	M	J	V	S
	1	2	3	4	5	6
7	8	9	10	11	12	13
14	15	16	17	18	19	20
21	22	23	24	25	26	27
28	29	30				

DÉCEMBRE
D	L	M	M	J	V	S
			1	2	3	4
5	6	7	8	9	10	11
12	13	14	15	16	17	18
19	20	21	22	23	24	25
26	27	28	29	30	31	

7

JANVIER
D	L	M	M	J	V	S
						1
2	3	4	5	6	7	8
9	10	11	12	13	14	15
16	17	18	19	20	21	22
23	24	25	26	27	28	29
30	31					

FÉVRIER
D	L	M	M	J	V	S
		1	2	3	4	5
6	7	8	9	10	11	12
13	14	15	16	17	18	19
20	21	22	23	24	25	26
27	28					

MARS
D	L	M	M	J	V	S
		1	2	3	4	5
6	7	8	9	10	11	12
13	14	15	16	17	18	19
20	21	22	23	24	25	26
27	28	29	30	31		

AVRIL
D	L	M	M	J	V	S
					1	2
3	4	5	6	7	8	9
10	11	12	13	14	15	16
17	18	19	20	21	22	23
24	25	26	27	28	29	30

MAI
D	L	M	M	J	V	S
1	2	3	4	5	6	7
8	9	10	11	12	13	14
15	16	17	18	19	20	21
22	23	24	25	26	27	28
29	30	31				

JUIN
D	L	M	M	J	V	S
			1	2	3	4
5	6	7	8	9	10	11
12	13	14	15	16	17	18
19	20	21	22	23	24	25
26	27	28	29	30		

JUILLET
D	L	M	M	J	V	S
					1	2
3	4	5	6	7	8	9
10	11	12	13	14	15	16
17	18	19	20	21	22	23
24	25	26	27	28	29	30
31						

AOÛT
D	L	M	M	J	V	S
	1	2	3	4	5	6
7	8	9	10	11	12	13
14	15	16	17	18	19	20
21	22	23	24	25	26	27
28	29	30	31			

SEPTEMBRE
D	L	M	M	J	V	S
				1	2	3
4	5	6	7	8	9	10
11	12	13	14	15	16	17
18	19	20	21	22	23	24
25	26	27	28	29	30	

OCTOBRE
D	L	M	M	J	V	S
						1
2	3	4	5	6	7	8
9	10	11	12	13	14	15
16	17	18	19	20	21	22
23	24	25	26	27	28	29
30	31					

NOVEMBRE
D	L	M	M	J	V	S
		1	2	3	4	5
6	7	8	9	10	11	12
13	14	15	16	17	18	19
20	21	22	23	24	25	26
27	28	29	30			

DÉCEMBRE
D	L	M	M	J	V	S
				1	2	3
4	5	6	7	8	9	10
11	12	13	14	15	16	17
18	19	20	21	22	23	24
25	26	27	28	29	30	31

8

JANVIER
D	L	M	M	J	V	S
1	2	3	4	5	6	7
8	9	10	11	12	13	14
15	16	17	18	19	20	21
22	23	24	25	26	27	28
29	30	31				

FÉVRIER
D	L	M	M	J	V	S
			1	2	3	4
5	6	7	8	9	10	11
12	13	14	15	16	17	18
19	20	21	22	23	24	25
26	27	28				

MARS
D	L	M	M	J	V	S
				1	2	3
4	5	6	7	8	9	10
11	12	13	14	15	16	17
18	19	20	21	22	23	24
25	26	27	28	29	30	31

AVRIL
D	L	M	M	J	V	S
1	2	3	4	5	6	7
8	9	10	11	12	13	14
15	16	17	18	19	20	21
22	23	24	25	26	27	28
29	30					

MAI
D	L	M	M	J	V	S
		1	2	3	4	5
6	7	8	9	10	11	12
13	14	15	16	17	18	19
20	21	22	23	24	25	26
27	28	29	30	31		

JUIN
D	L	M	M	J	V	S
					1	2
3	4	5	6	7	8	9
10	11	12	13	14	15	16
17	18	19	20	21	22	23
24	25	26	27	28	29	30

JUILLET
D	L	M	M	J	V	S
1	2	3	4	5	6	7
8	9	10	11	12	13	14
15	16	17	18	19	20	21
22	23	24	25	26	27	28
29	30	31				

AOÛT
D	L	M	M	J	V	S
			1	2	3	4
5	6	7	8	9	10	11
12	13	14	15	16	17	18
19	20	21	22	23	24	25
26	27	28	29	30	31	

SEPTEMBRE
D	L	M	M	J	V	S
						1
2	3	4	5	6	7	8
9	10	11	12	13	14	15
16	17	18	19	20	21	22
23	24	25	26	27	28	29
30						

OCTOBRE
D	L	M	M	J	V	S
	1	2	3	4	5	6
7	8	9	10	11	12	13
14	15	16	17	18	19	20
21	22	23	24	25	26	27
28	29	30	31			

NOVEMBRE
D	L	M	M	J	V	S
				1	2	3
4	5	6	7	8	9	10
11	12	13	14	15	16	17
18	19	20	21	22	23	24
25	26	27	28	29	30	

DÉCEMBRE
D	L	M	M	J	V	S
						1
2	3	4	5	6	7	8
9	10	11	12	13	14	15
16	17	18	19	20	21	22
23	24	25	26	27	28	29
30	31					

9

JANVIER
D	L	M	M	J	V	S
	1	2	3	4	5	6
7	8	9	10	11	12	13
14	15	16	17	18	19	20
21	22	23	24	25	26	27
28	29	30	31			

FÉVRIER
D	L	M	M	J	V	S
				1	2	3
4	5	6	7	8	9	10
11	12	13	14	15	16	17
18	19	20	21	22	23	24
25	26	27	28			

MARS
D	L	M	M	J	V	S
					1	2
3	4	5	6	7	8	9
10	11	12	13	14	15	16
17	18	19	20	21	22	23
24	25	26	27	28	29	30
31						

AVRIL
D	L	M	M	J	V	S
	1	2	3	4	5	6
7	8	9	10	11	12	13
14	15	16	17	18	19	20
21	22	23	24	25	26	27
28	29	30				

MAI
D	L	M	M	J	V	S
			1	2	3	4
5	6	7	8	9	10	11
12	13	14	15	16	17	18
19	20	21	22	23	24	25
26	27	28	29	30	31	

JUIN
D	L	M	M	J	V	S
						1
2	3	4	5	6	7	8
9	10	11	12	13	14	15
16	17	18	19	20	21	22
23	24	25	26	27	28	29
30						

JUILLET
D	L	M	M	J	V	S
	1	2	3	4	5	6
7	8	9	10	11	12	13
14	15	16	17	18	19	20
21	22	23	24	25	26	27
28	29	30	31			

AOÛT
D	L	M	M	J	V	S
				1	2	3
4	5	6	7	8	9	10
11	12	13	14	15	16	17
18	19	20	21	22	23	24
25	26	27	28	29	30	31

SEPTEMBRE
D	L	M	M	J	V	S
1	2	3	4	5	6	7
8	9	10	11	12	13	14
15	16	17	18	19	20	21
22	23	24	25	26	27	28
29	30					

OCTOBRE
D	L	M	M	J	V	S
		1	2	3	4	5
6	7	8	9	10	11	12
13	14	15	16	17	18	19
20	21	22	23	24	25	26
27	28	29	30	31		

NOVEMBRE
D	L	M	M	J	V	S
					1	2
3	4	5	6	7	8	9
10	11	12	13	14	15	16
17	18	19	20	21	22	23
24	25	26	27	28	29	30

DÉCEMBRE
D	L	M	M	J	V	S
1	2	3	4	5	6	7
8	9	10	11	12	13	14
15	16	17	18	19	20	21
22	23	24	25	26	27	28
29	30	31				

10

JANVIER
D	L	M	M	J	V	S
		1	2	3	4	5
6	7	8	9	10	11	12
13	14	15	16	17	18	19
20	21	22	23	24	25	26
27	28	29	30	31		

FÉVRIER
D	L	M	M	J	V	S
					1	2
3	4	5	6	7	8	9
10	11	12	13	14	15	16
17	18	19	20	21	22	23
24	25	26	27	28	29	

MARS
D	L	M	M	J	V	S
						1
2	3	4	5	6	7	8
9	10	11	12	13	14	15
16	17	18	19	20	21	22
23	24	25	26	27	28	29
30	31					

AVRIL
D	L	M	M	J	V	S
		1	2	3	4	5
6	7	8	9	10	11	12
13	14	15	16	17	18	19
20	21	22	23	24	25	26
27	28	29	30			

MAI
D	L	M	M	J	V	S
				1	2	3
4	5	6	7	8	9	10
11	12	13	14	15	16	17
18	19	20	21	22	23	24
25	26	27	28	29	30	31

JUIN
D	L	M	M	J	V	S
1	2	3	4	5	6	7
8	9	10	11	12	13	14
15	16	17	18	19	20	21
22	23	24	25	26	27	28
29	30					

JUILLET
D	L	M	M	J	V	S
		1	2	3	4	5
6	7	8	9	10	11	12
13	14	15	16	17	18	19
20	21	22	23	24	25	26
27	28	29	30	31		

AOÛT
D	L	M	M	J	V	S
					1	2
3	4	5	6	7	8	9
10	11	12	13	14	15	16
17	18	19	20	21	22	23
24	25	26	27	28	29	30
31						

SEPTEMBRE
D	L	M	M	J	V	S
	1	2	3	4	5	6
7	8	9	10	11	12	13
14	15	16	17	18	19	20
21	22	23	24	25	26	27
28	29	30				

OCTOBRE
D	L	M	M	J	V	S
			1	2	3	4
5	6	7	8	9	10	11
12	13	14	15	16	17	18
19	20	21	22	23	24	25
26	27	28	29	30	31	

NOVEMBRE
D	L	M	M	J	V	S
						1
2	3	4	5	6	7	8
9	10	11	12	13	14	15
16	17	18	19	20	21	22
23	24	25	26	27	28	29
30						

DÉCEMBRE
D	L	M	M	J	V	S
	1	2	3	4	5	6
7	8	9	10	11	12	13
14	15	16	17	18	19	20
21	22	23	24	25	26	27
28	29	30	31			

11

JANVIER
D	L	M	M	J	V	S
			1	2	3	4
5	6	7	8	9	10	11
12	13	14	15	16	17	18
19	20	21	22	23	24	25
26	27	28	29	30	31	

FÉVRIER
D	L	M	M	J	V	S
						1
2	3	4	5	6	7	8
9	10	11	12	13	14	15
16	17	18	19	20	21	22
23	24	25	26	27	28	29

MARS
D	L	M	M	J	V	S
1	2	3	4	5	6	7
8	9	10	11	12	13	14
15	16	17	18	19	20	21
22	23	24	25	26	27	28
29	30	31				

AVRIL
D	L	M	M	J	V	S
			1	2	3	4
5	6	7	8	9	10	11
12	13	14	15	16	17	18
19	20	21	22	23	24	25
26	27	28	29	30		

MAI
D	L	M	M	J	V	S
					1	2
3	4	5	6	7	8	9
10	11	12	13	14	15	16
17	18	19	20	21	22	23
24	25	26	27	28	29	30
31						

JUIN
D	L	M	M	J	V	S
	1	2	3	4	5	6
7	8	9	10	11	12	13
14	15	16	17	18	19	20
21	22	23	24	25	26	27
28	29	30				

JUILLET
D	L	M	M	J	V	S
			1	2	3	4
5	6	7	8	9	10	11
12	13	14	15	16	17	18
19	20	21	22	23	24	25
26	27	28	29	30	31	

AOÛT
D	L	M	M	J	V	S
						1
2	3	4	5	6	7	8
9	10	11	12	13	14	15
16	17	18	19	20	21	22
23	24	25	26	27	28	29
30	31					

SEPTEMBRE
D	L	M	M	J	V	S
		1	2	3	4	5
6	7	8	9	10	11	12
13	14	15	16	17	18	19
20	21	22	23	24	25	26
27	28	29	30			

OCTOBRE
D	L	M	M	J	V	S
				1	2	3
4	5	6	7	8	9	10
11	12	13	14	15	16	17
18	19	20	21	22	23	24
25	26	27	28	29	30	31

NOVEMBRE
D	L	M	M	J	V	S
1	2	3	4	5	6	7
8	9	10	11	12	13	14
15	16	17	18	19	20	21
22	23	24	25	26	27	28
29	30					

DÉCEMBRE
D	L	M	M	J	V	S
		1	2	3	4	5
6	7	8	9	10	11	12
13	14	15	16	17	18	19
20	21	22	23	24	25	26
27	28	29	30	31		

12

JANVIER
D	L	M	M	J	V	S
				1	2	3
4	5	6	7	8	9	10
11	12	13	14	15	16	17
18	19	20	21	22	23	24
25	26	27	28	29	30	31

FÉVRIER
D	L	M	M	J	V	S
1	2	3	4	5	6	7
8	9	10	11	12	13	14
15	16	17	18	19	20	21
22	23	24	25	26	27	28
29						

MARS
D	L	M	M	J	V	S
	1	2	3	4	5	6
7	8	9	10	11	12	13
14	15	16	17	18	19	20
21	22	23	24	25	26	27
28	29	30	31			

AVRIL
D	L	M	M	J	V	S
				1	2	3
4	5	6	7	8	9	10
11	12	13	14	15	16	17
18	19	20	21	22	23	24
25	26	27	28	29	30	

MAI
D	L	M	M	J	V	S
						1
2	3	4	5	6	7	8
9	10	11	12	13	14	15
16	17	18	19	20	21	22
23	24	25	26	27	28	29
30	31					

JUIN
D	L	M	M	J	V	S
		1	2	3	4	5
6	7	8	9	10	11	12
13	14	15	16	17	18	19
20	21	22	23	24	25	26
27	28	29	30			

JUILLET
D	L	M	M	J	V	S
				1	2	3
4	5	6	7	8	9	10
11	12	13	14	15	16	17
18	19	20	21	22	23	24
25	26	27	28	29	30	31

AOÛT
D	L	M	M	J	V	S
1	2	3	4	5	6	7
8	9	10	11	12	13	14
15	16	17	18	19	20	21
22	23	24	25	26	27	28
29	30	31				

SEPTEMBRE
D	L	M	M	J	V	S
			1	2	3	4
5	6	7	8	9	10	11
12	13	14	15	16	17	18
19	20	21	22	23	24	25
26	27	28	29	30		

OCTOBRE
D	L	M	M	J	V	S
					1	2
3	4	5	6	7	8	9
10	11	12	13	14	15	16
17	18	19	20	21	22	23
24	25	26	27	28	29	30
31						

NOVEMBRE
D	L	M	M	J	V	S
	1	2	3	4	5	6
7	8	9	10	11	12	13
14	15	16	17	18	19	20
21	22	23	24	25	26	27
28	29	30				

DÉCEMBRE
D	L	M	M	J	V	S
			1	2	3	4
5	6	7	8	9	10	11
12	13	14	15	16	17	18
19	20	21	22	23	24	25
26	27	28	29	30	31	

13

JANVIER
D	L	M	M	J	V	S
					1	2
3	4	5	6	7	8	9
10	11	12	13	14	15	16
17	18	19	20	21	22	23
24	25	26	27	28	29	30
31						

FÉVRIER
D	L	M	M	J	V	S
	1	2	3	4	5	6
7	8	9	10	11	12	13
14	15	16	17	18	19	20
21	22	23	24	25	26	27
28	29					

MARS
D	L	M	M	J	V	S
			1	2	3	4	5
6	7	8	9	10	11	12
13	14	15	16	17	18	19
20	21	22	23	24	25	26
27	28	29	30	31		

AVRIL
D	L	M	M	J	V	S
					1	2
3	4	5	6	7	8	9
10	11	12	13	14	15	16
17	18	19	20	21	22	23
24	25	26	27	28	29	30

MAI
D	L	M	M	J	V	S
1	2	3	4	5	6	7
8	9	10	11	12	13	14
15	16	17	18	19	20	21
22	23	24	25	26	27	28
29	30	31				

JUIN
D	L	M	M	J	V	S
			1	2	3	4
5	6	7	8	9	10	11
12	13	14	15	16	17	18
19	20	21	22	23	24	25
26	27	28	29	30		

JUILLET
D	L	M	M	J	V	S
					1	2
3	4	5	6	7	8	9
10	11	12	13	14	15	16
17	18	19	20	21	22	23
24	25	26	27	28	29	30
31						

AOÛT
D	L	M	M	J	V	S
	1	2	3	4	5	6
7	8	9	10	11	12	13
14	15	16	17	18	19	20
21	22	23	24	25	26	27
28	29	30	31			

SEPTEMBRE
D	L	M	M	J	V	S
			1	2	3	
4	5	6	7	8	9	10
11	12	13	14	15	16	17
18	19	20	21	22	23	24
25	26	27	28	29	30	

OCTOBRE
D	L	M	M	J	V	S
						1
2	3	4	5	6	7	8
9	10	11	12	13	14	15
16	17	18	19	20	21	22
23	24	25	26	27	28	29
30	31					

NOVEMBRE
D	L	M	M	J	V	S
		1	2	3	4	5
6	7	8	9	10	11	12
13	14	15	16	17	18	19
20	21	22	23	24	25	26
27	28	29	30			

DÉCEMBRE
D	L	M	M	J	V	S
				1	2	3
4	5	6	7	8	9	10
11	12	13	14	15	16	17
18	19	20	21	22	23	24
25	26	27	28	29	30	31

14

JANVIER
D	L	M	M	J	V	S
						1
2	3	4	5	6	7	8
9	10	11	12	13	14	15
16	17	18	19	20	21	22
23	24	25	26	27	28	29
30	31					

FÉVRIER
D	L	M	M	J	V	S
			1	2	3	4	5
6	7	8	9	10	11	12
13	14	15	16	17	18	19
20	21	22	23	24	25	26
27	28	29				

MARS
D	L	M	M	J	V	S
			1	2	3	4
5	6	7	8	9	10	11
12	13	14	15	16	17	18
19	20	21	22	23	24	25
26	27	28	29	30	31	

AVRIL
D	L	M	M	J	V	S
						1
2	3	4	5	6	7	8
9	10	11	12	13	14	15
16	17	18	19	20	21	22
23	24	25	26	27	28	29
30						

MAI
D	L	M	M	J	V	S
		1	2	3	4	5	6
7	8	9	10	11	12	13
14	15	16	17	18	19	20
21	22	23	24	25	26	27
28	29	30	31			

JUIN
D	L	M	M	J	V	S
				1	2	3
4	5	6	7	8	9	10
11	12	13	14	15	16	17
18	19	20	21	22	23	24
25	26	27	28	29	30	

JUILLET
D	L	M	M	J	V	S
						1
2	3	4	5	6	7	8
9	10	11	12	13	14	15
16	17	18	19	20	21	22
23	24	25	26	27	28	29
30	31					

AOÛT
D	L	M	M	J	V	S
		1	2	3	4	5
6	7	8	9	10	11	12
13	14	15	16	17	18	19
20	21	22	23	24	25	26
27	28	29	30	31		

SEPTEMBRE
D	L	M	M	J	V	S
					1	2
3	4	5	6	7	8	9
10	11	12	13	14	15	16
17	18	19	20	21	22	23
24	25	26	27	28	29	30

OCTOBRE
D	L	M	M	J	V	S
1	2	3	4	5	6	7
8	9	10	11	12	13	14
15	16	17	18	19	20	21
22	23	24	25	26	27	28
29	30	31				

NOVEMBRE
D	L	M	M	J	V	S
			1	2	3	4
5	6	7	8	9	10	11
12	13	14	15	16	17	18
19	20	21	22	23	24	25
26	27	28	29	30		

DÉCEMBRE
D	L	M	M	J	V	S
					1	2
3	4	5	6	7	8	9
10	11	12	13	14	15	16
17	18	19	20	21	22	23
24	25	26	27	28	29	30
31						

janvier 1

La gaieté, c'est un volcan d'optimisme qui éclate au grand jour.

janvier 2

L'important, ce n'est pas d'ajouter des années à sa vie, mais plutôt de la vie à ses années.

– Yvan Ducharme

3 janvier

Vivre en harmonie avec son cœur, c'est faire de sa vie un jardin où fleurit la tendresse.

4. janvier

La solitude ne consiste pas à vivre seul, mais à vivre sans amis.

janvier 5

Une peine d'amour, c'est le bonheur qui est victime d'une crise de cœur.

janvier 6

L'être aimé, c'est le trésor dont personne d'autre que vous ne connaît la valeur.

7 janvier

La vie est une fleur, l'amour en est le miel.

— Victor Hugo

8 janvier

C'est en nourrissant sa foi qu'on affame ses doutes.

Les hommes construisent trop de murs et pas assez de ponts.
— Isaac Newton

Le temps de se demander si l'on est heureux ou malheureux et le bonheur nous file sous le nez.

11 janvier

Avant de s'imaginer pouvoir changer le monde, il faut s'exercer à modifier son comportement.

12 janvier

La sagesse, ce n'est pas d'apprendre beaucoup de choses, mais plutôt d'en comprendre quelques-unes.

janvier 13

Notre vie est sans couleur quand l'amour fait défaut.

– Réflexions sur la vie quotidienne

janvier 14.

Les préjugés sont les barreaux d'une prison qu'on déplace avec soi.

15 janvier

La tristesse de la jalousie, c'est qu'elle détruit très rapidement ce que l'amour a mis longtemps à bâtir.

16 janvier

La mémoire est la meilleure amie du bon jugement.

La seule bonne façon de s'enivrer, c'est de boire goulûment à la fontaine de la joie de vivre.

En illuminant sa vie intérieure, on éclaire tout son être.

19 janvier

À fuir la vérité de son cœur, on se fait l'esclave de ses mensonges.

20 janvier

Tomber dans le piège de la culpabilité, c'est se condamner à vivre malheureux.

janvier 21

Il faut avoir beaucoup de caractère pour admettre qu'on s'est trompé, et davantage pour se taire quand on a raison.

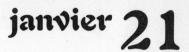

janvier 22

Semer la paix dans son entourage, c'est encore le plus beau cadeau que l'on puisse se faire.

23 janvier

98 - France Durocher 8H30

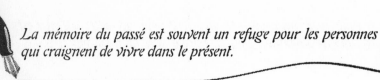

La mémoire du passé est souvent un refuge pour les personnes qui craignent de vivre dans le présent.

24. janvier

À la bourse de l'amour, les sentiments servent parfois de monnaie d'échange.

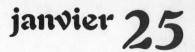

janvier **25**

L'optimisme est une source intarissable où l'on puise l'espoir.

janvier **26**

Le plus lourd fardeau, c'est d'exister sans vivre.

– Victor Hugo

27 janvier

Chaque jour, la vie nous offre cent occasions d'être heureux et mille raisons de sourire. Servez-vous!

28 janvier

L'amour est une telle richesse, qu'on ne peut s'empêcher de le partager.

— Réflexions sur la vie quotidienne

On peut donner sans aimer, mais on ne peut pas aimer sans donner.

— Pensées et maximes pour notre temps

La meilleure recette du bonheur, c'est d'apprécier le moment présent, d'espérer en l'avenir et d'oublier les malheurs passés.

31 janvier

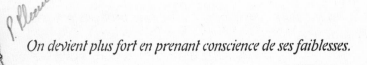

On devient plus fort en prenant conscience de ses faiblesses.

La vie est un jardin de joies, de satisfactions et d'occasions de bonheur. À vous de les cueillir pour en faire un énorme bouquet.

La plus importante et la plus négligée des conversations, c'est l'entretien avec soi-même.

3 février

C'est à travers les tempêtes que le phare de l'amitié nous éclaire le mieux.

4. février

Avec l'espérance, les malheurs ne sont jamais les maîtres.

Le succès est au haut d'une échelle, laquelle on ne peut gravir les mains dans les poches.

Il ne sert à rien de rappeler constamment le bien que l'on a fait. Mieux vaut laisser les autres s'en souvenir.

7 février

L'amour est impossible si l'on ne sait pas pardonner.

8 février

Un esprit brillant fait naître l'admiration, alors qu'un cœur généreux fait naître l'amour.

L'amour est un terrain de jeu où se déroule le match de la vie.

L'exagération est une branche rattachée à l'arbre du mensonge.

11 février

Vous ne pouvez vivre une journée parfaite sans avoir fait quelque chose pour quelqu'un qui ne pourra jamais vous le rendre.

12 février

L'espérance, c'est une bouée de sauvetage pour éviter de sombrer dans l'abîme du pessimisme.

février 13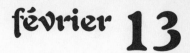

On jouit moins de tout ce qu'on obtient que de ce qu'on espère.
— Jean-Jacques Rousseau

février 14.

Une personne prédestinée au bonheur n'a pas à se hâter d'être heureuse.
— Maxime chinoise

15 février

Se plaindre constamment, voilà la meilleure façon de ne plus avoir personne autour de soi à qui se plaindre.

16 février

Le doute est le remède qu'enseigne la sagesse.

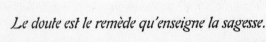

février 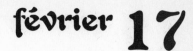 17

Bien des erreurs sont nées d'une vérité dont on abuse.

– Voltaire

février 18

L'amour de la vie est un trésor inépuisable dans lequel on pige ses petits bonheurs quotidiens.

19 février

Le bonheur, c'est savoir ce que l'on veut et le vouloir passionné-
ment.

– Félicien Marceau

20 février

L'esprit est nourri par le silence de la nuit.

février 21

Le chemin de la vie se parcourt agréablement quand on peut s'abriter sous le feuillage des arbres de l'amour et de l'amitié.

février 22

Une personne modeste apprend dix choses et en croit une, alors qu'une personne complaisante apprend une chose et en croit dix.

– Proverbe chinois

23 février

L'amour à sens unique, c'est une question qui n'a pas trouvé sa réponse.

24. février

La seule certitude, c'est que rien n'est certain.

Tout ce qui a une valeur véritable dans la vie ne coûte rien.

La force de la vérité est qu'elle dure.

27 février

La variété est l'épice de la vie.

— William Cooper

28 février

On a peine à haïr ce qu'on a bien aimé.

— Corneille

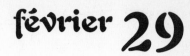

À force de trop discuter, on perd la vérité.

NOTES

NOTES

Les visages souvent sont de doux imposteurs.

– Corneille

Il vaut parfois mieux être juste que généreux.

3 mars

97- Rappel mammog. lundi
98- Dr Hamet 10 hres mardi (diabète)

Nul n'est devenu grand par l'imitation.

– Samuel Johnson

4. mars

Devant l'amour comme devant la mort,
il ne sert à rien d'être fort.

C'est à soi-même qu'on cause le plus de tort en vivant avec la rancune au cœur.

Laisser aller son cœur à la détresse, c'est détruire sa vie.

7 mars

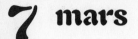

L'homme généreux se sait toujours riche.

8 mars

Vivre sans ami, c'est mourir sans témoin.

Si vous raffolez des surprises, partez à la découverte de vous-même.

Le sage se demande à lui-même la cause de ses problèmes; l'insensé le demande aux autres.

– Maxime chinoise

11 mars

97- Dr Hamet 17H50 mardi

Plus l'amour est nu, moins il a froid.

– John Owen

12 mars

La chose la plus précieuse que l'on possède est aujourd'hui.

mars **13**

La jalousie détruit l'amour qu'elle veut posséder.

mars **14.**

Une personne sage ne parle pas de ce qu'elle ignore et ne parle qu'avec prudence de ce qu'elle connaît.

15 mars

Comprendre est le commencement d'approuver.

16 mars

*Les louanges comme les diamants ne tirent leur prix que de leur
rareté.*
— Samuel Johnson

Tout passe, sauf le bien que l'on fait.

97- R.V. Dr Page 2 heures mardi

Quand on est heureux, il reste beaucoup à faire : voir à ce que les autres soient heureux.

19 mars

La flamme du cœur jaillit en étincelles dans les yeux.

20 mars

Plus on juge, moins on aime.

— Chamfort

La haine pour qui n'hait point, c'est un peu comme l'odeur de l'ail pour qui n'en a pas mangé.

– Jean Rostand

L'amitié, c'est multiplier les joies et diviser les peines.

23 mars

En amour, il faut se comprendre avec l'âme, mais toujours se voir avec le cœur.

24. mars

Aimer, c'est prendre soin de ne pas juger.

mars 25

Tuer le temps n'est pas un meurtre, c'est un suicide.

mars 26

L'amour, c'est le reflet du cœur sur le lac de la tendresse.

27 mars

Ce n'est pas le temps qui nous étouffe, mais la nonchalance qui nous étrangle.

28 mars

Les plus beaux souvenirs se créent dans le présent.

L'amour ne réussit pas à percer la carapace d'un cœur habillé d'orgueil.

Les orgueils blessés sont plus dangereux que les intérêts lésés.

31 mars

Il faut faire vite ce qui ne presse pas pour pouvoir faire lentement ce qui presse.

– Maxime chinoise

Une âme sans ardeur est un arbre sans sève.

— Josse Alzin

On est toujours bien là où l'on se dévoue.

— George Sand

3 avril

Un grand obstacle au bonheur est d'en exiger trop.

— Fontenelle

4. avril

Un trésor ne vaut rien tant qu'il n'est pas découvert.
Qu'attendez-vous pour vous faire connaître?

On se fait peut-être valoir parfois par nos paroles, mais on se fait toujours juger par nos actes.

Courir après la vie, c'est s'essouffler à fuir le présent.

7 avril

Le succès au prix du bonheur ne vaut pas le coût.

8 avril

La recette du bonheur: prendre le meilleur des autres et donner le meilleur de nous-même.

Aimer, c'est faire confiance en l'inconnu.

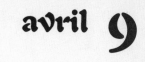

Dans le silence et la solitude, on n'entend plus que l'essentiel.

11 avril

Un vrai geste d'amitié ne se transforme pas en un compte à recevoir.

12 avril

Le succès appartient non pas à ceux qui n'essuient jamais aucun échec, mais à ceux qui ne craignent jamais de reprendre la lutte.

L'espérance est un phare dans la nuit de l'incertitude.

Le silence en soi, c'est le corridor qu'il faut parcourir pour découvrir les richesses de son être.

— Louis-M. Parent

15 avril

Le plus réconfortant bonheur nous viendra toujours de celui que nous aurons donné.

– M. Bonnamour

16 avril

La méditation est l'action du silence.

L'orgueilleux aime mieux se perdre que de demander son chemin.

La sagesse fait durer, les passions font vivre.

— Chamfort

19 avril

Ce qui fait finalement une vie pleine, c'est d'avoir eu la chance de donner beaucoup de soi aux autres.

– Pierre Teilhard de Chardin

20 avril

L'arbre du silence porte les fruits de la paix.

– Maxime arabe

La fleur de l'amour se transforme vite en bouquet de bonheur.

Avertissement: l'usage régulier d'un sourire peut être très bénéfique pour la santé. Abusez-en!

23 avril

On aime de la grandeur de son cœur.

— Victor Hugo

24. avril

Tomber n'est ni dangereux ni honteux. Rester étendu par terre est à la fois l'un et l'autre.

— Konrad Adenauer

L'impossible recule à mesure que la volonté avance.

Un beau souvenir, c'est un doux parfum qui reste suspendu dans notre mémoire.

27 avril

Arrive que pourra, le temps et l'heure viennent à bout de la plus terrible des journées.

— Shakespeare

28 avril

Si le cœur bat plus fort à la vue de l'être aimé, c'est qu'il cherche à se faire entendre.

Le passé se nourrit des minutes présentes.

– Sacha Guitry

96 - DUHamet

Aimer une personne pour son apparence, c'est comme aimer un livre pour sa reliure.

NOTES

mai 1

Il ne faut pas être de ceux qui, lorsque la chance frappe à leur porte, sont dehors à chercher un trèfle à quatre feuilles.

mai 2

L'ordre est le plaisir de la raison, mais le désordre est le délice de l'imagination.

— Paul Claudel

3 mai

Un ami véritable vous tend la main bien avant de vous voir atteindre le bord du gouffre.

4. mai

L'oisiveté ressemble à la rouille. Elle use beaucoup plus que le travail.

Un sourire, c'est un placement sûr à la bourse du bonheur. Il ne coûte rien, mais rapporte beaucoup de dividendes.

N'acceptez jamais de défaite. Vous n'êtes peut-être qu'à un seul pas de la réussite.

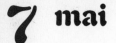

7 mai

La solitude témoigne parfois d'une certaine paresse du cœur.

8 mai

Prendre le temps de se faire des amis, c'est cultiver son jardin de bonheur.

mai 9

La vérité existe. On n'invente que le mensonge.

– Georges Braque

mai 10

L'avantage d'avoir une mauvaise mémoire, c'est qu'on jouit plusieurs fois des mêmes choses pour la première fois.

– Nietzche

11 mai

La tendresse, c'est le portique de l'amour.

12 mai

Quand on n'a pas ce que l'on aime, il faut aimer ce que l'on a.

Le courage, c'est l'art d'avoir peur sans que ça paraisse.
– Pierre Véron

L'amour et la haine dépassent toujours les bornes.

15 mai

Les amitiés renouées demandent plus de soins que celles qui n'ont jamais été rompues.

— La Rochefoucauld

16 mai

Il faut deux ans pour apprendre à parler... et toute une vie pour apprendre à se taire.

Une amitié, c'est une entente de libre échange d'idées et de sentiments signée avec une personne complice.

Le bonheur est toujours plus difficile à identifier qu'à vivre.

19 mai

Il ne faut pas de tout pour faire un monde. Il faut du bonheur et rien d'autre.

— Paul Éluard

20 mai

On est si heureux de donner un conseil à quelqu'un qu'il peut arriver, après tout, qu'on le lui donne dans son intérêt.

— Jules Renard

Une personne qui ne pense qu'aux autres oublie d'exister. Une personne qui ne pense qu'à elle oublie de vivre.

La seule différence entre un caprice et une passion éternelle est que le caprice peut durer.

– Oscar Wilde

23 mai

Il suffit parfois d'aimer un peu moins ce qu'on aime pour éviter de le haïr.

– Jean Rostand

24. mai

Les gens ne connaissent pas leur bonheur, mais celui des autres ne leur échappe jamais.

– Pierre Daninos

Chaque instant consacré à regretter le passé est un moment perdu à jouir du présent.

La route du bonheur ne part pas des personnes et des choses pour arriver à vous. Elle part toujours de vous pour aller vers les autres.

27 mai

L'amitié se nourrit aussi bien d'absence que de présence.

28 mai

La rêverie est le dimanche de la pensée.

— Maxime suisse

mai **29**

La jeunesse est le temps d'étudier la sagesse; la vieillesse est le temps de la pratiquer.

– Jean-Jacques Rousseau

mai **30**

Le véritable secret de la vie est de s'intéresser à une chose profondément et à mille autres suffisamment.

31 mai

Le premier soupir de l'amour est le dernier de la sagesse.

juin 1

Entre dire et faire, il faut savoir franchir l'océan d'hésitation qui se dresse devant nous.

juin 2

Pour descendre en nous-mêmes, il faut d'abord nous élever.

— Joseph Joubert

3 juin

Le désespoir est le suicide du cœur.

4. juin

97 – Dʳ Daoud 11 hres – douleurs

L'amour se passe de cadeaux, pas de présence.

Un geste d'amitié, c'est un dépôt fait dans le compte du bonheur.

Si on est assez important pour donner des ordres, on doit être assez humble pour les exécuter.

7 juin

L'avidité de l'homme n'a aucune commune mesure avec ses besoins véritables.

8 juin

Certains n'apprendront jamais rien parce qu'ils comprennent tout trop vite.

— Pope

Chaque joie est un fruit qui pousse dans l'arbre de la vie.

Une résolution à adopter: se lever tous les matins avec l'idée en tête que ce sera la plus belle journée de l'année.

11 juin

L'espoir est un bateau à bord duquel voyagent nos rêves les plus fous.

12 juin

La mémoire est un grenier aux images d'où il fait bon ressortir ses plus beaux souvenirs.

L'amitié et l'amour ne sont souvent séparés que par quelques battements de cœur.

S'occuper de rendre les autres heureux, c'est façonner en même temps son bonheur.

15 juin

Sourire à quelqu'un, c'est lui laisser la plus belle des cartes de visite.

16 juin

Le bonheur n'est peut-être finalement que la courageuse acceptation de la vie.

L'esprit oublie toutes les souffrances quand le chagrin a des compagnons et que l'amitié le console.

L'amitié est comme un bazar: on y trouve de petits riens qui procurent de grandes joies.

19 juin

96 - Dr Rios 3h 30 merc

L'espérance est un emprunt fait au bonheur.

20 juin

Un enfant qui vous enlace, c'est le doux étau de l'amour qui se referme sur vous.

juin 21

Une blessure au cœur ne se guérit pas avec des cataplasmes de rancœur.

juin 22

C'est dans la nuit qu'il est beau de croire à la lumière.
— Edmond Rostand

23 juin

Les premières lettres d'amour sont lues dans les yeux de l'être cher.

24. juin

Être jeune, c'est avoir un esprit qui calcule et un cœur qui ne calcule pas.

— René Bazin

juin 25

Lorsque tout est dit et fait, le succès dénué de bonheur devient le pire échec qui soit.

— Louis Binstock

juin 26

Donner son cœur à quelqu'un, c'est en fait accorder un prêt avec intérêt.

27 juin

L'amitié est un parfum qui embaume la vie, une douceur qui la charme, un souvenir qui l'embellit.

— Lamartine

28 juin

Un bouquet de pensées positives fleurit bien chacune de nos journées.

Il ne se crée rien de durable sans une étincelle d'amour.

C'est sur les lèvres de l'être aimé que s'échangent les plus beaux dialogues.

NOTES

juillet 1

Il est préférable d'avoir beaucoup d'amis, mais peu de confidents.

juillet 2

De l'enfance, on doit garder tout au long de sa vie la faculté de goûter pleinement chaque petite joie.

3 juillet

Le bonheur se cueille là où il se trouve, c'est-à-dire partout autour de nous.

— Pensées et maximes pour notre temps

4. juillet

Pour ne pas regretter son passé, il faut s'en occuper au présent.

juillet 5

Les grandes joies, comme les grandes douleurs, sont muettes.

juillet 6

En temps de crise, la main tendue par un ami est la plus sûre des bouées de sauvetage.

7 juillet

Se fier uniquement à la chance, c'est comme faire confiance à la pluie pour qu'elle éteigne le feu.

8 juillet

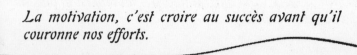

La motivation, c'est croire au succès avant qu'il couronne nos efforts.

Une main tendue, un chaud sourire, c'est souvent le début d'une belle et longue amitié.

Il est aussi facile d'avoir tort qu'il est difficile de l'admettre.

11 juillet

La plus grande preuve d'amour, c'est le pardon.

12 juillet

Les gens sans avenir se contentent souvent de ne vivre que dans le passé.

juillet 13

Le bonheur ne se vend pas au marché. C'est un produit fait maison.

juillet 14.

On devient vraiment sage quand on prend conscience de ce qu'on ignore.

15 juillet

97- Francine Lavallée 14h30 mardi

Le temps est un grand magicien qui guérit les blessures du cœur.

16 juillet

On a besoin des autres pour partager notre enthousiasme comme notre chagrin.

Donnez à la vie ce que vous avez de mieux et elle vous le remettra au centuple.

On ne donne pas son amitié, on la partage.

19 juillet

On reste jeune en conservant plus d'espoir que de souvenirs.

20 juillet

Aimer vraiment, c'est savoir remplacer les mots par des gestes.

juillet 21

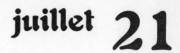

Commencez la journée sur le bon pied: avalez une capsule d'optimisme.

juillet 22

La peur est comme une loupe: elle a la détestable habitude de tout grossir.

23 juillet

97- Du Pagé

La vie est belle et chaleureuse quand elle est enveloppée dans le voile de l'espérance.

24. juillet

L'arbre de la prospérité ne pousse que dans le sol de la patience.

juillet 25

Un bon échange d'idées, c'est comme un café noir: ça stimule.

juillet 26

La grandeur des actions humaines se mesure à l'inspiration qui les fait naître.

– Pasteur

27 juillet

Le pardon est la plus vraie des signatures de l'amour.

28 juillet

L'amitié ne peut survivre sans une bonne dose de confiance.

La peur tue l'esprit et empêche d'aller de l'avant.

L' être cher est celui qui habite en nous, là où personne d'autre ne va.

31 juillet

C'est en empruntant le pont de l'erreur que l'on arrive sur l'île de l'expérience.

août 1

N'aimer qu'à moitié, c'est comme diluer un bon vin: on en perd toute la saveur.

août 2

Ce matin, dites-vous que ce sera la plus belle journée de votre vie... et conservez ce bel optimisme.

3 août

La vie aime ceux qui l'aiment.

4. août

Les actions du cœur sont toujours à la hausse à la bourse de l'amitié.

On ne paie jamais trop cher le privilège d'être son propre maître.

– Rudyard Kipling

96 - Dr Pagé 2hre marde

Les échecs sont souvent causés par le désir de plaire à tout le monde à la fois.

7 août

Le bonheur le plus doux est celui qu'on partage.

8 août

La grandeur des actions humaines se mesure à l'inspiration qui les fait naître.

Le travail de l'esprit est le repos du cœur.

Les yeux de l'être aimé sont comme un livre ouvert dont on ne se lasse jamais de relire chapitre après chapitre.

11 août

La vie est faite de moments de bonheur qu'on ne peut oublier et de malheurs qu'on ne peut ignorer.

12 août

Ce qui est passé a fui; ce que tu espères est absent; mais le présent est à toi.

– Maxime arabe

août 13

L'amour, c'est bâtir son royaume au fond du cœur de l'autre.

août 14.

Réussir sa vie, c'est ne pas regretter le passé, être content du présent et ne pas avoir peur de l'avenir.

15 août

On rêve parfois trop, mais on n'agit jamais assez.

16 août

96 Mariage

97- Chez Claudine

L'impossible recule toujours quand on marche vers lui.

— Saint-Exupéry

Il y a dans la vie deux buts à viser: tout d'abord obtenir ce qu'on désire et ensuite arriver à en jouir.

Si je ne suis pas moi-même, qui le sera pour moi? Si je ne vis pas pour moi-même, qui le fera pour moi?

19 août

Une amitié est perdue quand il faut penser à la défendre.

– Charles Péguy

20 août

96 - H-Dieu Dr Chocron 9h 45 (les yeux)

Les bonheurs sont comme le gibier. Quand on les vise de trop loin, on les manque.

– Alphonse Karr

Il est essentiel à certains moments de faire le vide dans son esprit afin de faire le plein d'idées nouvelles.

La peur fait fuir la liberté.

23 août

Pour vraiment goûter sa vie, il faut apprendre à saupoudrer un peu d'humour sur chaque journée.

24. août

Comme disait Confucius...: *Un ami, c'est quelqu'un qui sait tout de nous et qui nous aime quand même.*

août 25

*Une personne qui veut faire quelque chose trouve un moyen;
celle qui ne veut rien faire trouve une excuse.*

août 26

*Oublier ses mauvais souvenirs, c'est mettre la table pour
accueillir le bonheur.*

27 août

Dans le livre de l'amitié, on ne voit pas de colonne marquée «À recevoir».

28 août

Une amitié véritable ne se bâtit que dans le respect des différences.

L'amitié disparaît où l'égalité cesse.

L'esprit s'enrichit de ce qu'il reçoit, le cœur de ce qu'il donne.
— Victor Hugo

31 août

La vie sans gaieté est une lampe sans huile.

– Walter Scott

septembre 1

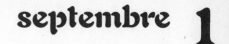

L'amour empêche le cœur de s'user avant le temps.

septembre 2

Même la plus petite action a infiniment plus de valeur que la plus grande intention.

— Pensées et maximes pour notre temps

3 septembre

La vie devient une prison quand le travail est considéré comme une sentence.

4. septembre

L'amour a beaucoup plus à offrir que tous les trésors de l'imagination.

septembre 5

Il vaut mieux se distinguer par ce qu'on est que par ce qu'on a.

septembre 6

Le bonheur est encore le plus beau et le plus grand sens de la vie.
– Réflexions sur la vie quotidienne

7  septembre

Le véritable amour commence là où l'égoïsme prend fin.

8 septembre

Les paroles ne sont que l'emballage des pensées.

Le châtiment du menteur n'est pas qu'on ne le croie pas, c'est qu'il ne peut croire personne.

– George Bernard Shaw

La vie devient une chose délicieuse dès qu'on décide de ne plus la prendre au sérieux.

11 septembre

L'amour passe, mais l'envie d'aimer reste.

12 septembre

L'amour, c'est bâtir son royaume au fond du cœur de l'autre.

septembre 13

Le courage ne se contrefait pas, c'est une vertu qui échappe à l'hypocrisie.

— Napoléon Bonaparte

septembre 14.

La générosité consiste moins à donner beaucoup qu'à donner au bon moment.

15 septembre

diabète
97- Dr Hamet 4h 30 lundi Voir 3a sylt

Une promesse faite dans la tempête est souvent oubliée dans le calme.

16 septembre

97- Francine Lavallée Placements

Ce n'est pas la force, mais la persévérance qui produit les grandes œuvres.

septembre 17

On ne devrait jamais céder à la haine. On a déjà si peu de temps pour l'amour.

septembre 18

Nous sommes ce que nous pensons.

19 septembre

Le temps est l'essence même de la vie.

20 septembre

Il vaut mieux être soi-même avec tous ses défauts qu'une mauvaise imitation de quelqu'un d'autre.

septembre 21

Celui qui cherche un ami sans défaut reste sans ami.

– Dale Carnegie

septembre 22

Un échec, ce n'est rien d'autre qu'une pause sur le chemin du succès.

23 septembre

L'action se conjugue au présent; la paresse, au futur.

24. septembre

La meilleure façon de gérer son emploi du temps est de contribuer au bonheur des autres.

septembre 25

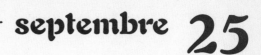

Sans joies, la vie est aride comme le désert.

septembre 26

L'enfant, c'est ce que l'adulte aurait aimé devenir.

27 septembre

Il n'y a personne qui est né sous une mauvaise étoile, il n'y a que des gens qui ne savent pas lire le ciel.

— Dalaï-lama

28 septembre

Ce qui vous empêche d'avancer n'est pas ce que vous êtes, mais ce que vous pensez ne pas être.

— Denis Waitley

septembre 29

L'amour est une loterie. À vous de trouver la combinaison gagnante.

septembre 30

97-Sylvie Blagnoire Hi Dieu   appareil a pression 24 Hros

Tant que nous aimons, nous sommes utiles. Tant que nous sommes aimés, nous sommes indispensables.

— Stevenson

NOTES

Une personne qui ne vit que pour elle ne vit qu'à demi.

La meilleure façon d'ouvrir un cœur fermé à double tour, c'est de se servir de la tendresse en guise de passe-partout.

3 octobre

Qui craint de souffrir, souffre déjà de ce qu'il craint.

4. octobre

Le pessimisme n'a jamais gagné de bataille.

octobre 5

Ce que l'amour n'arrive pas à satisfaire, l'amitié y pourvoit.

octobre 6

La meilleure façon de plaire aux autres, c'est de se contenter d'être soi-même.

7 octobre

Faire confiance à quelqu'un est une preuve de courage. Lui être fidèle, un signe de force.

8 octobre

La paix avec soi-même est impossible si l'on refuse d'accepter son passé.

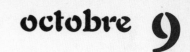

octobre 9

Il n'y a pas de saison particulière pour l'éclosion des sentiments.

octobre 10

Le respect est l'antichambre de l'amitié.

11 octobre

Notre esprit est un jardin qui attend qu'on y sème de quoi le rendre fertile.

12 octobre

Une belle amitié, c'est une police d'assurance contre la solitude.

octobre 13

Envier le bonheur des autres, c'est reléguer le sien aux oubliettes.

octobre 14.

Vivre avec ses regrets, c'est se condamner à passer à côté du bonheur.

15 octobre

Ne laissez personne venir à vous et repartir le cœur vide.

16 octobre

Un sourire coûte moins cher que l'électricité, mais donne autant de lumière.

— L'abbé Pierre

octobre **17**

Le bonheur n'est pas le terme du voyage, mais la façon de voyager.

– Anatole France

octobre **18**

L'indifférence est le sommeil de l'âme.

19 octobre

Une vie, c'est une promesse à tenir, un fruit à faire mûrir, une œuvre à exécuter.

20 octobre

C'est à la chaleur du contact des êtres chers qu'on se réchauffe le mieux le cœur.

octobre **21**

Il faut tourner la page sur son passé pour écrire le chapitre suivant de sa vie.

octobre **22**

Le temps est comme un flocon de neige: pendant qu'on se demande ce qu'on va en faire, il fond.

23 octobre

96 - Dr Rios 1h 30 mera

Lorsque les vieux espoirs pèsent lourd, faites le ménage dans votre cœur.

24. octobre

Le cœur d'un adulte est une île dans un océan; le cœur d'un enfant, un continent.

— Réflexions sur la vie quotidienne

octobre 25

Aimer et être aimé, c'est profiter des deux faces du bonheur de vivre.

octobre 26

Même au singulier, le mot heureux a une allure de pluriel. On ne peut pas être vraiment heureux tout seul.

— Gilbert Cesbron

27 octobre

Avec un lot de «Jamais», on installe une frontière infranchissable pour le possible.

28 octobre

Vivre pleinement, c'est ne jamais cesser de se questionner.

octobre **29**

Dire «Oui!» à la vie, c'est faire échec à la défaite.

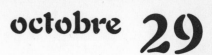

octobre **30**

Chaque geste d'amour envers l'être cher ajoute une pierre de plus à notre maison du bonheur.

31 octobre

En amour, ce n'est pas le premier pas qui est difficile. C'est de ne pas trébucher par la suite qui pose des problèmes.

novembre 1

Aimer une personne, c'est lui faire une place à côté et non derrière soi.

novembre 2

Le don de soi, c'est le puits où s'abreuve notre soif de partager.

3 novembre

La joie de vivre, c'est la vitamine-soleil de l'esprit.

4. novembre

L'espérance chasse le pessimisme de notre esprit.

Le bon sens, c'est le génie en habit de travail.

Certaines personnes osent se plaindre du bruit lorsque le bonheur frappe à leur porte.

7 novembre

Le seul véritable havre de paix, c'est en nous qu'on le trouve.

8 novembre

Seule la plus complète honnêteté peut cimenter une amitié durable.

novembre 9

Si les problèmes se manifestent trop vite à notre goût, c'est que nous avons souvent parcouru la moitié du chemin.

novembre 10

L'homme qui ne craint pas la vérité n'a rien à craindre du mensonge.

– Thomas Jefferson

11 novembre

Rien de grand n'a jamais pu être réalisé sans enthousiasme.

— Emerson

12 novembre

Notre vie vaut ce qu'elle nous coûte d'efforts.

— François Mauriac

La meilleure recette du bonheur: se laisser nourrir de l'amour de ses proches.

Il est difficile de ne pas s'exagérer le bonheur dont on ne jouit pas.
— Stendhal

15 novembre

S'appliquer à façonner son bonheur vaut mieux que de se complaire dans le malheur.

16 novembre

S'apitoyer sur son sort, c'est baisser les bras devant l'adversaire.

La tendresse préserve l'amour de la froideur de l'habitude.

S'ouvrir aux autres, c'est souvent fermer les yeux sur leurs travers.

19 novembre

L'amour joue le rôle d'enveloppe protectrice du cœur.

20 novembre

Il ne faut pas faire porter aux autres le poids de ses propres faiblesses.

L'égoïsme et l'envie éteignent vite la flamme du bonheur.

Il ne faut pas attendre d'avoir faim d'amour avant d'en semer autour de soi.

23 novembre

97- Café rencontre - Centre T.H. Bowes, 595, 68ᵉ Ave Loc 118
Chomedey.

Le cœur d'un solitaire sèche vite d'ennui.

24. novembre

Le bonheur est le souffle de vie de l'âme.

novembre 25

Il faut porter plus d'attention aux conseils qu'aux louanges.

novembre 26

Le cœur est un astrologue qui devine toujours la vérité.

— Proverbe espagnol

27 novembre

La passion fait un brasier d'une étincelle d'amour.

28 novembre

Le bonheur s'apprend à force d'exercices, comme le violon.

— John Lubbock

96- France Duroches 11½ hre

L'homme qui a le plus vécu n'est pas celui qui a compté le plus
d'années, mais celui qui a le plus senti la vie.

– Jean-Jacques Rousseau

L'amour peut avoir cent visages, mais il n'a qu'un seul cœur.

NOTES

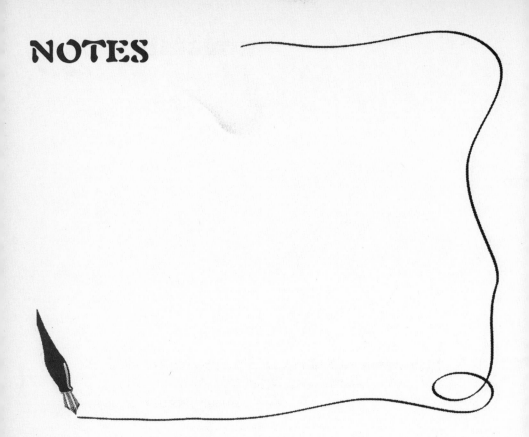

décembre 1

C'est la passion passagère, non l'amour, qui est aveugle.

— Pensées et maximes pour notre temps

décembre 2

L'escalier du bonheur se gravit marche après marche.

3 décembre

Qui parle sème, qui écoute récolte.

4. décembre

C'est dans les yeux de l'être cher qu'on trouve la plupart des réponses à nos questions.

décembre 5

Si le bonheur vous donne rendez-vous, soyez à l'heure!

décembre 6

Ça ne sert à rien de chercher à faire plus si l'on ne peut faire mieux.

7 décembre

C'est dans les moments les plus sombres que l'amitié vient éclairer notre vie.

8 décembre

Le grand poison du cœur, c'est le silence.

— Paul Bourget

Les pleurs sont la lessive des sentiments.

– Malcolm de Chazal

On sonde une rivière avant de se jeter à l'eau. De la même façon, on devrait sonder le cœur d'une personne avant de s'abandonner à elle.

11 décembre

On rencontre souvent sa destinée par les chemins qu'on prend pour l'éviter.

— La Fontaine

12 décembre

Entre la peur d'aimer et le regret de ne pas avoir aimé, il y a le gouffre du temps perdu.

décembre 13

Penser, c'est se mouvoir dans l'infini.

— Lacordaire

décembre 14.

Le cœur a des tisons que la raison n'éteint pas.

— Louis-Philippe Robidoux

15 décembre

On peut se nourrir de rêves sans pour autant refuser de faire face à la réalité.

16 décembre

Un mot tendre, une fleur, une caresse sont autant de jalons sur le chemin de l'auberge du bonheur.

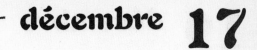

décembre 17

L'enthousiasme est la source de tout progrès.

— Henry Ford

décembre 18

Le bonheur, c'est la joie des autres.

— A. Hermont

19 décembre

Le plaisir est tout un monde ; l'amour, tout un univers.

20 décembre

Le cœur à cœur prépare bien les corps à corps.

décembre 21

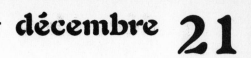

La haine se nourrit à la source de la lâcheté.

décembre 22

Si vous fermez la porte à toutes les erreurs, la vérité restera dehors.

— Tagore

23 décembre

La véritable amitié est une plante qui croît lentement.

24. décembre

La paix du cœur et de l'âme, c'est ce que je NOUS souhaite en cette veille de Noël.

décembre 25

Le bonheur, c'est comme un papillon. Le bruit et la course le font fuir; mais dans le calme et la paix, il se laisse saisir.

décembre 26

La vie, c'est la marche vers l'avenir. Et il faut faire confiance à ce qui viendra.

– Martin Gray

27 décembre

Les fleurs de l'avenir sont dans les semences d'aujourd'hui.

— Proverbe chinois

28 décembre

Déposez les moments de bonheur dans la banque de votre cœur.
Vous pourrez y effectuer des retraits en cas de besoin.

décembre 29

Chacun de nous peut faire quelque chose pour mettre fin à un peu de misère.

— Albert Schweitzer

décembre 30

Une once d'action vaut mieux qu'une tonne de bonnes intentions.

31 décembre

Faites le bilan de votre année en prenant bien soin de ne rien oublier dans la colonne des joies de la vie.

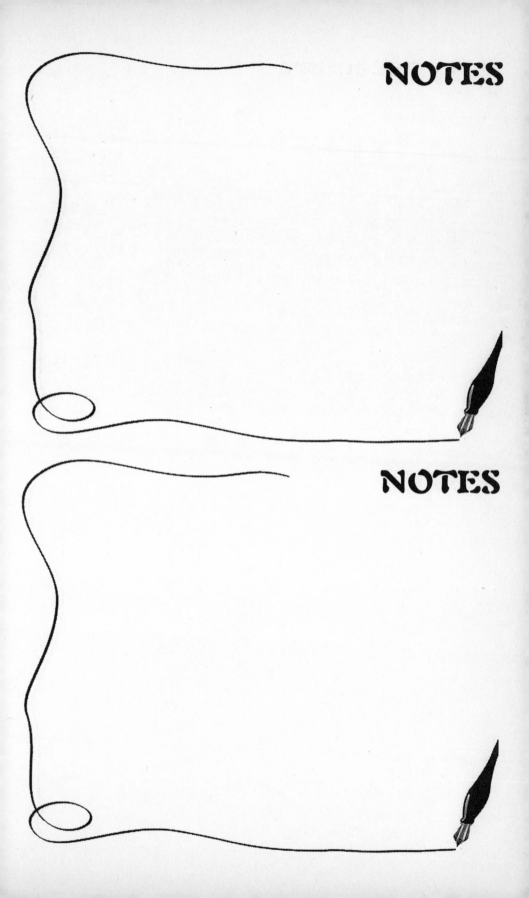

NOTES

NOTES

NOTES

NOTES

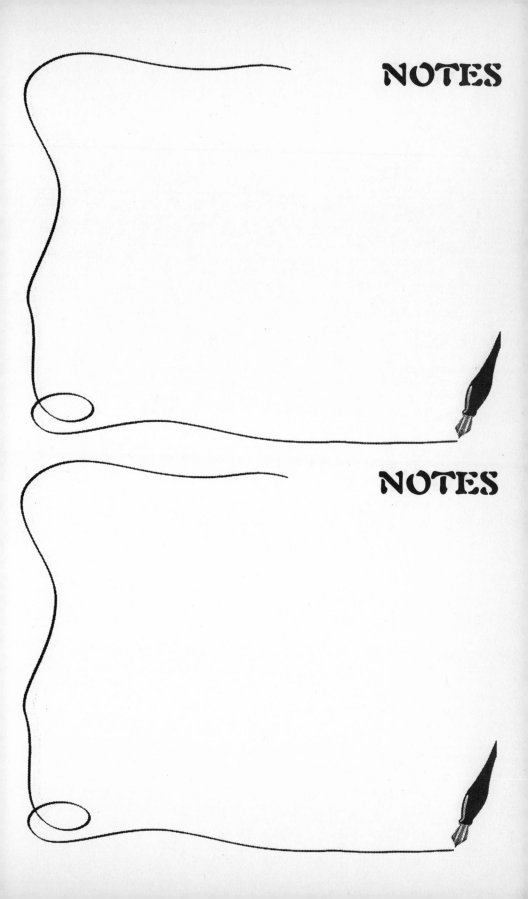

NOTES

NOTES

NOTES

NOTES